JEAN-MARIE SAINT-EVE

GRAVEUR.

NOTICE

JEAN - MARIE SAINT - EVE

GRAVEUR,

Ancien Pensionnaire de l'Académie de France, à Rome.

Si fort que l'ouragan fur nous gronde aujourd'hui,
Lorfqu'un tel homme meurt, il faut parler de lui.
Honorons fon talent, car il fut fimple et beau ;
Gloire foit au génie et paix à fon tombeau !

A. BRIZEUX.

LYON,

IMPRIMERIE DE LOUIS PERRIN,

—

1860.

JEAN-MARIE SAINT-EVE.

Saint-Eve (Jean-Marie) naquit à Lyon, le 9 juin 1810; l'Ecole des Beaux-Arts de cette ville, où il entra en 1828, lui décerna, dès la première année, une mention honorable.

En 1829, il obtint le prix Grognard, deſtiné par le fondateur au talent & à la bonne conduite.

En 1831, le prix de deſſin d'après l'antique.

En 1832, le prix de deſſin d'après nature.

Une chaire de gravure fut créée en 1834 & vint compléter l'enseignement de l'Ecole des Beaux-Arts ; la direction de cette classe fut confiée à M. Vibert.

J.-M. Saint-Eve s'y fit inscrire un des premiers.

Sa gravure représentant un ange adorateur lui valut, cette même année, une médaille d'argent.

En 1835, le prix de gravure & de dessin lui fut décerné avec une seconde médaille du prix Grognard.

C'est à cette époque que son oncle, juste appréciateur du noble caractère de Saint-Eve, autant que de ses belles dispositions, l'envoya à Paris pour y continuer ses études.

Il fut admis à l'Ecole des Beaux-Arts, où, pendant les années 1836 & 1837, il obtint successivement des places de plus en plus honorables; cependant il ne fut pas heureux dans ce premier concours. Il échoua principalement parce qu'il avait tenu à fuivre fcrupuleufement les confeils qu'il recevait de Lyon, confeils qui lui étaient donnés de bonne foi, fans doute, mais qui tendaient à faire école.

Sans fe laiffer décourager par ce défappointement, SAINT-EVE fe mit auffitôt fous la direction de M. Richomme, membre de l'Inftitut, avec lequel il travailla pendant les années 1838 & 1839, pour fe préparer au prochain concours de gravure & de deffin.

Reçu le premier, en 1840, au concours d'effai, il eut encore la première place au concours définitif.

Ce fut auffi dans la même année qu'il remporta le *Grand prix de Rome.* Ce premier grand prix de gravure en taille-douce lui fut folennellement décerné par l'Académie des Beaux-Arts, dans fa féance publique du 3 octobre.

La gravure qui lui valut cette diftinction, eft fignalée encore aujourd'hui comme l'une des plus remarquables de l'Ecole.

Heureux de ce fuccès, SAINT-EVE fe rendit à Rome, plein d'ardeur & d'enthoufiafme. Son admiration pour les œuvres fi correctes & fi pures de Raphaël & des autres maîtres de l'Ecole italienne ne fit que grandir pendant fon féjour dans cette noble patrie des arts : elles devinrent l'objet de fes études de prédilection.

C'eft alors que commença, pour le graveur SAINT-EVE, l'époque des productions férieufes & fécondes. Il choifit fes premiers modèles dans la galerie des Offices de Florence.

La perte douloureufe de fon frère Emmanuel, qui mourut à Bologne, où il l'avait accompagné, interrompit quelque temps fes travaux; mais, plus tard, il les reprit avec autant de zèle que d'énergie.

Ceux qu'il exécuta pour remplir fes devoirs de penfionnaire de l'Académie de France furent remarqués. On diftingua furtout : *la Madone,* d'après le tableau d'Andrea del Sarto, — *le Portrait* de ce maître, peint par lui-même; — *la Sainte-Cécile,* d'après le tableau de Raphaël que poffède le mufée de Bologne; — *la Poéfie,* d'après les frefques de Raphaël, au Vatican; — *la Théologie, la Juftice* & *la Philofophie,* d'après les mêmes frefques; — *la Sainte-Famille,* d'après le tableau de Raphaël, du mufée des études de Naples; — l'enfant qui porte le cartouche dans *la Madone de Foligno,* d'après le tableau de Raphaël ; — *la Vierge de Capo di Monte.*

Obligé par les règlements de l'Académie de graver le portrait d'un artifte célèbre, dans les premières années de fa penfion, ce fut le portrait d'Andrea del Sarto qu'il choifit. L'Inftitut, dans fon rapport du 5 octobre 1844 fur les envois de cette année, s'exprima ainfi :

« M. SAINT-EVE a rempli fes princi-
« pales obligations de manière à ne mé-
« riter que des éloges. Il a déjà exécuté
« le deffin du tableau qu'il doit graver,
« & il a envoyé de plus, comme étude,
« un deffin d'après la *Sainte-Cécile* de
« Raphaël, avec une épreuve de fa plan-
« che gravée du portrait d'*Andrea del*
« *Sarto.*

« Le deffin à l'eftompe & au crayon
« d'après la *Sainte-Cécile* eft fait avec

« beaucoup de foin. Le ton local de la
« Gloire a été pris avec intelligence, &
« l'effet en eſt très-ſatisfaiſant; les drape-
« ries ſont très-étudiées. C'eſt un deſſin
« qui fait beaucoup d'honneur au goût
« & au talent de M. Saint-Eve.

« La gravure du portrait d'Andrea
« del Sarto, par M. Saint-Eve, a paru
« très-ſatisfaiſante à l'Académie. Tout y
« eſt fait avec ſoin & rendu avec talent;
« la tête ſurtout eſt exécutée avec une
« grande intelligence de travaux; il y a
« de l'expreſſion & de la vie dans la gra-
« vure de cette tête, & le grand maître
« qu'elle repréſente ne s'y reconnaît pas
« moins par ſa manière de peindre, fidè-
« lement reproduite dans le deſſin de
« M. Saint-Eve, que par la reſſemblance
« même. C'eſt une planche très-recom-
« mandable. »

Chacun de fes envois lui valut les éloges de l'Inftitut. Prefque tous fes ouvrages furent expofés au falon de 1847.

Après les cinq années de fa penfion, dont une partie fut employée à vifiter les différents mufées, principalement ceux de Florence, de Bologne & de Naples, où il fit plufieurs belles études & de très-beaux deffins, M. Schnetz, qui était alors directeur de l'Académie de France, à Rome, écrivit fur le compte de Saint-E ve ce qui fuit :

    « Je puis affirmer qu'aucun penfion-
    « naire n'a fait des études plus férieufes
    « & plus affidues ; fans négliger la prati-
    « que du burin, fi néceffaire en définitive
    « pour un graveur, M. Saint-Eve a
    « cherché conftamment à perfectionner
    « fon ftyle & fon deffin par l'étude atten-

« tive de l'antique & des maîtres les plus
« célèbres. »

C'était un talent férieux, grave, médi-
tatif, qui avait juftifié, de la manière la
plus large & la plus digne, les efpérances
& le jugement de fes maîtres.

A fon retour à Paris, il reçut le prix
de M. Leprince à l'Inftitut, & on lui accorda en outre, à titre de récompenfe,
un tirage de 300 exemplaires du portrait
d'Andrea del Sarto qu'il avait gravé à
Rome.

SAINT-EVE obtint la première médaille
de première claffe à l'expofition de 1848,
dans laquelle figurait fa gravure *la Poéfie*.

En 1850, il reçut de nouveau le prix
de M. Leprince, & l'Académie adreffa à
la direction des Beaux-Arts un excellent
rapport, à la fuite duquel M. le Miniftre

de l'intérieur accorda à Saint-Eve une foufcription fur fes œuvres.

Il expofa une nouvelle planche au falon de 1851 ; le journal *la Patrie*, dans fon numéro du 15 avril, en rendit compte de la manière fuivante :

« La plus belle & la plus férieufe gra-
« vure qui fe trouve au Palais-National
« eft *la Théologie*, de Raphaël, due au
« burin de M. Saint-Eve. On y admire
« les grandes & fouples tailles, les tra-
« vaux favants & faciles des graveurs du
« XVIIᵉ fiècle français. Vient enfuite *Marie*
« *dans le Défert*, par M. Achille Martinet,
« d'après M. Paul Delaroche, où la taille,
« quoique fort belle, eft moins ample &
« plus timide que chez M. Saint-Eve. »

Laborieux, modefte, livré à des études confciencieufes, rien n'a pu le détourner de la voie qu'il s'était tracée & dans laquelle il avait concentré fa vie d'artifte. Ainfi, chargé par le gouvernement d'un ouvrage important (la reproduction du tableau de M. Couture), il refufa ce travail après un examen fcrupuleux, & demanda de revenir à fes chères études de Raphaël, qu'il avait l'intention de compléter.

En 1853, le gouvernement lui confia la reproduction d'un tableau d'Andrea del Sarto, *la Charité*, que poffède le mufée du Louvre; fon deffin, qui eft très-remarquable, lui valut de grands éloges & faifait efpérer une belle gravure à laquelle il travaillait avec ardeur, lorfqu'une cruelle maladie vint arrêter tous fes travaux. Après plufieurs mois de fouffrance, il fuccomba, le 4 feptembre 1856, plein de réfignation.

Cette planche eſt reſtée inachevée (1) ainſi que ſa belle collection des médaillons de Raphaël.

Une des dernières productions de SAINT-EVE eſt *la Vierge au Donataire*, qui fait partie de la collection des Vierges de Raphaël, publiée par MM. Furne & Perrotin. « Cette gravure, très-fine, très- « ſoignée, l'une des meilleures du recueil, « eſt tout à fait digne de l'importance « du tableau. » (*Moniteur univerſel* du 30 août 1856.)

SAINT-EVE a gravé vingt planches d'un mérite reconnu ; les principales ſont les trois médaillons de Raphaël, *la Poéſie, la Philoſophie & la Juſtice ;* cette dernière

—

(1) Elle a été confiée au ſavant burin de M. A. Salmon, ancien penſionnaire de l'Académie de France, à Rome, déſigné par le gouvernement pour terminer cette gravure d'après le deſſin de Saint-Eve.

n'a pas été complètement terminée. Il a laiſſé dix-huit deſſins très-remarquables, ſon portrait deſſiné par lui-même, en 1849, & un grand nombre d'études & d'eſquiſſes, recueillis avec ſoin & religieuſement conſervés par ſon oncle.

Jean-Marie SAINT-EVE était non-ſeulement un grand artiſte, c'était encore un grand cœur. Doué d'une nature ſupérieure & d'un excellent caractère, on ne pouvait le connaître ſans l'aimer & ſans l'eſtimer. La mort l'a enlevé dans toute la force de l'âge & du talent, & au moment où il allait recueillir le fruit de ſes longs travaux, de ſa patience & de ſes efforts. Il ne s'eſt pas aſſez ménagé ; ſon ardente vocation d'artiſte a certainement abrégé ſa vie.

C'eſt une grande perte pour les arts, qui avaient trouvé en lui un fervent adepte, & qu'il eût honorés par ſon caractère autant que par fon talent. Il eût fait, fi Dieu lui eût accordé quelques années de plus, la gloire de la gravure moderne.

C'eft auffi un malheur irréparable pour fa famille, & furtout pour fon oncle, qui l'aimait comme on aime un fils dont on eft fier.

A défaut de la gloire qui l'attendait, SAINT-EVE a reçu dans un autre monde la récompenfe du bon emploi de fes nobles facultés, & le fouvenir honoré qu'il a laiffé en celui-ci doit être un adouciffement aux juftes regrets de fa famille & de fes nombreux amis.

J. I. BOURGEOIS.

IN ERAT
PRIN VER
CIPIO BVM
L P